LE DESSIN

MIS A LA PORTÉE DE TOUS.

RÉSULTAT DES EXPÉRIENCES

Faites aux deux sections de l'Athénée royal de Bruxelles et à l'École communale primaire de la même ville, en vue de vulgariser l'étude du dessin en le faisant pénétrer dans l'enseignement général à tous les degrés,

PAR UNE MÉTHODE

Consistant dans la pratique, à main-levée, des éléments constitutifs du Dessin, quel qu'il soit (éléments déterminés et recommandés par Albert Durer, Léonard de Vinci et Rubens), dans le but d'amener l'élève à se servir du dessin comme de tout autre langage, pour exprimer sa pensée.

L'ensemble de ces éléments, coordonnés graduellement et appliqués successivement à toutes les branches spéciales, y compris l'écriture individuelle, est divisé en plusieurs degrés qui sont mis en rapport avec les différents degrés de l'enseignement en général. Ces éléments et leurs applications successives sont combinés de telle sorte, que l'élève n'a qu'à les suivre pas à pas et que, quel que soit le degré de l'enseignement auquel il borne ses études générales, il ait assez d'initiative pour se tirer d'affaire dans toutes les conditions sociales où il peut se trouver et à quelque branche spéciale qu'il veuille se consacrer; tout homme intelligent peut, en très-peu de temps, diriger les études, par ce fait qu'aucune application de forme n'a lieu qu'après la pratique des éléments qui servent à les apprécier, et qu'il suffit d'en connaître les premiers pour savoir suivre successivement les autres dans tous leurs développements, les modèles étant disposés par rapport à chaque degré, ainsi qu'à l'étude analytique de chaque branche.

Pour juger des avantages de cette manière d'opérer méthodiquement, il suffit de la mettre en parallèle avec ce qui se fait généralement aujourd'hui, où l'on se borne, et encore, par exception, au dessin linéaire plutôt théorique et géométral qu'approprié au dessin à main levée (le seul instrument propre à l'édification originale, en quelque matière que ce soit), et encore moins au dessin dans l'espace (dessin perspectif). Ce procédé consiste le plus généralement à placer devant l'élève soit une page d'écriture, soit une fleur ou une figure lavées et ombrées ou hachurées dans le sens contraire au mouvement des formes, et de les lui faire imiter, alors qu'il n'a acquis aucun des éléments propres à l'appréciation de ces formes, et qu'il ne sait pas suivre un trait dans son mouvement dans l'espace.

De là résulte naturellement que, pour copier un dessin perspectif, il le mesure géométralement, qu'il en compte les hachures et que, pour la reproduction du moindre modèle, il lui faut des mois entiers, chaque trait étant l'objet de tâtonnements qui laissent, après un travail long et pénible, sa vue et sa main aussi inertes qu'auparavant. La preuve de ce que nous avançons c'est qu'en inspectant récemment un des principaux établissements de l'État, où des jeunes jens se livrent pour la troisième et pour la cinquième année aux exercices précités, exercices qui pourraient faire croire aux ignorants que ceux-là sont dans la rhétorique du dessin, nous leur fîmes ces simples questions : — *Un de vous, messieurs, saurait-il reproduire en des dimensions relativement plus petites ou plus grandes le modèle qu'il a devant lui depuis plusieurs mois? — Saurait-il en reproduire d'idée les dispositions générales, l'ensemble caractéristique? Saurait-il montrer ce simple objet sous une autre face* ? Et à ceux qui lavent et qui ombrent depuis plusieurs années : — *Saurait-il mettre une enveloppe générique quelconque sous ces différents aspects, un pavé, par exemple, en projeter l'ombre originalement, etc., etc.* ? A toutes ces questions, point de réponse. Après cela on est étonné du manque absolu d'initiative, d'originalité et de bon goût dans tout ce qui touche à la partie artistique de notre industrie : mais n'aurait-on pas bien plus raison de s'étonner du courage des élèves, en présence d'un manque complet d'enseignement élémentaire pratique aussi bien en ce qui concerne le dessin qu'en ce qui touche à l'écriture, dont l'enseignement repose aujourd'hui sur une imitation servile (1).

Ceux qui, exceptionnellement doués, peuvent se flatter de s'être affranchis de ce rôle inepte de copistes n'ont à regretter que la perte de leurs plus belles années et peuvent se consoler par cette réflexion, qu'on aurait pu leur épargner la perte d'un temps précieux en procédant comme on fait en musique, où l'on n'a garde de mettre devant un commençant un piano et une sonate de Beethoven, et de lui dire : exécutez ce morceau; mais où l'on commence tout naturellement par lui apprendre l'A, B, C, c'est-à-dire les notes et les règles qui régissent la matière.

Mais revenons au sujet qui nous occupe, c'est-à-dire à *une méthode basée sur les éléments constitutifs du dessin :* nous avons voulu juger non de l'efficacité d'une méthode semblable, mais bien des résultats qu'elle donnerait si, dans les écoles, on ne consacrait au dessin que le temps que l'on perd aujourd'hui à apprendre simplement à écrire, pour procurer à la fois à l'élève et une écriture individuelle et assez de dessin pour qu'il acquière de l'initiative, c'est-à-dire qu'il se rende compte des formes, de leurs proportions relatives, de leurs mouvements, de leurs distances.

(1) L'écriture n'étant qu'une des nombreuses applications du dessin, devrait, par cela même, être soumise à ses règles.

Monsieur le Ministre de l'intérieur, de même que le bureau administratif de l'Athénée royal de Bruxelles ayant bien voulu nous permettre une expérience aux deux sections dudit Athénée, voici dans quelles conditions ces expériences furent commencées :

Nous prîmes de préférence les classes préparatoires, composées chacune de 80 à 90 élèves, âgés de neuf ans en moyenne. Plusieurs professeurs nous avaient conseillé de n'expérimenter que sur un nombre restreint d'élèves, à cause des difficultés que nous aurions à maintenir la discipline, n'étant revêtu d'aucune autorité officielle. Néanmoins nous préférâmes les prendre tous, et, après leur avoir distribué à chacun les cahiers contenant les premiers éléments, nous les invitâmes à étudier la première leçon, à s'exercer chez eux sur un tableau noir ou sur le papier, afin que, à la leçon suivante, ils pussent nous montrer le résultat de leur application. Un tiers des élèves s'y soumit; mais la difficulté consistait à en donner la preuve sur le tableau, attendu qu'il n'en existait aucun dans les classes. Aussitôt qu'il y en eut, nous en fîmes approcher autant d'élèves que nous pûmes, en une heure de leçon, et nous acquîmes bientôt la certitude que ceux qui y retournaient le plus souvent acquéraient une rectitude de vue et de main que n'obtenaient aucunement les autres, qui ne s'exerçaient que sur le papier. — Nous évitions de toucher au tableau, voulant tout laisser à l'élève qui, lorsqu'on le corrige, finit toujours par croire qu'il est l'auteur du dessin dont on lui a fait les parties les plus difficiles. Au bout de la dixième heure, et ne faisant qu'exécuter ce qui est prescrit à chaque leçon des cahiers, nous fûmes étonnés des résultats que l'on peut obtenir par une pratique méthodique. Les élèves eurent bientôt terminé la pratique des éléments du premier degré, et, dès lors, on aurait pu leur soumettre soit de l'écriture, soit d'autres formes à leur premier degré, dans leurs enveloppes génériques, avec la certitude d'un bon résultat. Nous préférâmes passer à la construction des solides génériques. Une partie notable des élèves sut bientôt incliner à tout degré ces mêmes figures, dont plusieurs étaient composées de vingt et de trente surfaces, et il suffisait de leur en expliquer la construction pour qu'ils pussent l'établir au tableau.

Dans ces entrefaites, un professeur en titre fut attaché à l'établissement. Jeune peintre de talent, il s'associa immédiatement à cet enseignement, dont il comprit d'abord toute la portée; depuis, il nous seconde avec toute l'ardeur qu'inspire un enseignement logique. Enfin nous fîmes commencer la pratique des éléments du troisième degré (la perspective pratique). Ici les progrès, chez quelques élèves, furent tellement rapides, et telle fut la satisfaction des artistes et autres notabilités qui visitèrent notre cours, que nous en arrêtâmes la marche progressive afin de nous assurer si l'application des formes à chacun de ces degrés suivrait la marche des éléments que les élèves venaient de pratiquer.

Les feuilles ornementales d'après nature et à leur premier degré, dans leurs enveloppes caractéristiques, leur furent distribuées, et notre étonnement, disons notre stupéfaction ne fut pas moindre lorsque nous vîmes que ceux qui avaient su établir l'enveloppe à laquelle les formes se rapportent, ainsi que leurs divisions, savaient, par cela même, y inscrire cette forme en toutes grandeurs. Un de nos élèves nous ayant demandé de pouvoir reproduire d'idée et en grand, au tableau, une des plantes les plus compliquées, le résultat fut complet. L'initiative des élèves devient, du reste, telle, que pour une place vacante au tableau, trente élèves se présentent.

Ainsi, en vingt-cinq heures de leçon ou quinze jours d'Académie à peine, l'élève connaît à fond la pratique des deux premiers éléments, et il commence à apprécier les formes génériques, leurs mouvements perspectifs et leurs distances. Si tous ne sont pas également avancés, cela tient uniquement à ce qu'il faut un nombre de tableaux qui permette d'y envoyer les élèves le plus souvent possible, car ils n'acquièrent de l'initiative et le professeur ne peut juger de leur force que par ce moyen seul.

Si donc l'on voulait proportionner le nombre des tableaux à la moitié ou au tiers de celui des élèves, un professeur artiste pourrait, dans l'espace d'une année scolaire, non-seulement faire copier à ses élèves toutes les espèces de figures avec les connaissances voulues pour en tirer parti, mais encore amener l'élève à reproduire les objets génériques placés dans l'espace, sous quelque aspect que l'on veuille; surtout si l'on joignait l'écriture au dessin pour n'en former qu'un seul cours, qui à lui seul réclamerait à peine le temps que l'on consacre aujourd'hui à l'écriture en particulier.

Tout homme intelligent, maître de calligraphie ou autre, peut, endéans le temps assigné uniquement à l'écriture, non-seulement se mettre successivement au courant de la pratique des éléments du dessin, mais encore les enseigner avec succès, sans devoir pour cela faire autre chose que faire exécuter ce que prescrit la méthode.

Il suffirait donc, pour généraliser l'étude du dessin, que le gouvernement, par ses écoles normales et moyennes, ainsi que les grandes villes donnassent l'exemple. Déjà l'administration de la ville de Bruxelles, dont la sollicitude pour tout ce qui peut contribuer à la réputation ou au bien-être des classes laborieuses n'a pas besoin d'être rappelée, vient, après une inspection de la part de messieurs les bourgmestre et échevins et de la section des beaux-arts et de l'instruction publique, de décider que la méthode serait appliquée à l'une des écoles communales, où, nous en avons la conviction, elle justifiera également ce que des artistes de talent en avaient préjugé, et ce que des représentants courageux ont osé soutenir en leur nom, au sein de la Chambre, en vue d'appeler la bienveillante attention du pouvoir sur la nécessité de relever, au moyen du développement de l'art du dessin, le niveau de notre industrie, et de rendre à nos produits ce cachet d'originalité et de bon goût qui les faisait autrefois rechercher dans l'Europe entière. — Une récente inspection faite à l'Athénée royal de Bruxelles, par le Bureau administratif de cet établissement, a prouvé, du reste, que des notabilités artistiques n'avaient pas trop présumé de la méthode en question. En effet, d'après une lettre que monsieur le bourgmestre de Bruxelles vient de me faire l'honneur de m'adresser et dans laquelle il me renouvelle ses félicitations au sujet des progrès rapides des élèves, la commission prémentionnée a unanimement apprécié la méthode, et il a été décidé qu'il sera fait mention des résultats constatés par cette inspection au procès-verbal de la prochaine séance.

Suite de l'expérimentation.

En présence des résultats que nous venons de rappeler, le bureau administratif de l'Athénée royal et les autorités communales n'ont pas hésité à faire placer dans les salles de l'Athénée, de même qu'à l'école primaire communale, un nombre de tableaux en rapport avec les besoins de notre enseignement, et suffisant pour qu'un grand nombre d'élèves pût y être envoyé à la fois. A l'école de la ville, 24 heures de leçons seulement ont été consacrées à la pratique des premiers éléments et à leur application aux principales formes (à leur premier degré) : l'application des élèves, leur émulation sont exemplaires : c'est à qui obtiendra l'avantage de pouvoir démontrer au tableau le résultat de ses études ; ceux à qui on a confié des modèles chez eux, arrivent à des résultats imprévus et ils tracent les dessins avec l'assurance que donne une pratique élémentaire bien comprise. De nouveau, les magistrats, des artistes et des représentants des principaux journaux sont venus constater ces résultats.

A l'Athénée royal, par suite des vacances de Pâques, peu de temps nous restait pour la pratique (deux heures par semaine seulement sont consacrées au dessin, alors qu'on en prend six pour la calligraphie par imitation servile !) néanmoins, les élèves arrivent, en deux tiers d'année scolaire, à pouvoir fournir au concours :

1° DESSIN DE MÉMOIRE :

Plusieurs constructions, du 1er, du 2e et du 3e degré.

2° APPLICATION DES FORMES :

Plusieurs feuilles ornementales en des dimensions relativement exactes, sans autre mesure que la vue et en procédant *élémentairement;* leurs dessins sont dressés non-seulement en toute grandeur, mais en vingt fois moins de temps et beaucoup plus exactement que par ceux qui, pendant des années, n'ont procédé que par imitation servile, et n'ont d'autre perspective que de pouvoir se substituer imparfaitement à des machines ; tandis que ceux qui ont suivi notre méthode, ayant la pratique des *éléments constitutifs,* sont préparés à édifier (à créer) de même qu'à reproduire les formes dans l'espace, sans s'aider autrement que de la vue ; et en commençant par les enveloppes génériques, comme le prescrivent Albert Durer, Léonard de Vinci, Rubens, Dupuis, etc.

Ces faits étant constatés, nous les livrons à la publicité.

H. Hendrickx.

Je déclare cet état des études conforme.

Amédée BOURSON,
Maître de dessin aux deux sections de l'Athénée royal de Bruxelles.

Copie des réponses des artistes à l'appréciation desquels nous avons soumis notre méthode.

M^r B.

Monsieur et cher confrère,

J'ai examiné avec soin les premiers cahiers de votre *Méthode de dessin à main levée* que vous avez bien voulu me faire parvenir. Vous témoignez le désir de connaître mon opinion à l'égard de cette méthode et je m'empresse d'y déférer.

Le point de départ et le but que vous vous proposez d'atteindre sont, à mon sens, des plus rationnels. D'abord vous faites apprécier les proportions relatives des lignes, des surfaces et des corps génériques auxquels vous imprimez ensuite le mouvement et la vie par l'application de la perspective ; vous faites dessiner de mémoire (ce qu'on néglige partout et ce qui, cependant, est si utile) ; vos élèves commencent par établir *l'enveloppe* (*la masse*) et ils finissent en ajoutant les détails.

Tels sont les préceptes d'Albert Durer, de Léonard de Vinci, de Rubens, de tous les maîtres ; vous pouvez le proclamer bien haut et tout le monde vous applaudira. Mais nous pouvons nous dire que c'est aussi le système de Dupuis, système dont les Académies, les commissions officielles et certains critiques ne veulent pas, je n'ai pas besoin de vous dire pourquoi ; ce qui n'empêche pas que l'on fera du *Dupuis* malgré ces messieurs, et l'on fera bien. Cela dit, revenons à notre sujet.

Si j'ai bien compris vos cahiers, c'est sur les éléments que je viens d'indiquer que repose votre méthode par laquelle vous comptez faire *comprendre* et *représenter* tout ce qui est susceptible d'être reproduit par le dessin. En d'autres termes, vos élèves *se serviront du dessin, comme de tout autre langage, pour formuler leurs idées.* C'est ce que vous appelez éDIFIER ; ce mot caractérise parfaitement votre méthode qui, à quelques nuances près, est aussi celle de tous les artistes s'occupant sérieusement de l'enseignement du dessin et qui ont eu, comme vous, le courage de rompre avec la routine et les systèmes absurdes que l'on suit encore aujourd'hui dans la plupart de nos écoles et académies.

Il suffit de lire les pages 11 et suivantes de ma brochure *Les académies de dessin, etc.*, publiée il y a quelques mois, pour être frappé de l'identité de notre manière d'envisager l'enseignement fondamental de l'art du dessin et, à en juger par ce qui se passe actuellement autour de nous, il faut croire que d'autres encore partagent notre opinion à cet égard. En effet, les corps constitués, la presse, nos industriels et le public s'occupent des questions d'industrie artistique dont le dessin est la base. Cette disposition générale des esprits doit nous encourager à persévérer dans nos efforts, afin d'établir dans l'enseignement artistique des degrés correspondant à ceux qui existent pour les autres branches de l'instruction publique.

Malheureusement on a jusqu'ici trop souvent attelé la charrue avant les bœufs ; on s'est occupé d'organiser des académies de dessin sans être d'accord ni sur la méthode d'enseignement, ni sur les programmes des études à suivre. D'après moi, il eût été bien plus logique de commencer par fonder une *École Normale*, comme on l'a fait il y a une dizaine d'années en Angleterre, où aujourd'hui il existe des centaines d'excellentes écoles de dessin sorties de l'école-mère de *South-Kensington*.

Espérons que cet exemple sera bientôt suivi en Belgique ; car l'impulsion est donnée et la transformation qui s'opère en ce moment au centre ne saurait tarder à s'étendre à toute la surface du pays.

En attendant que cela se réalise, propageons nos méthodes, réunissons nos efforts pour fournir aux écoles que le gouvernement se propose de fonder et à l'académie de Bruxelles qu'on réorganise en ce moment, notre contingent d'élèves qui, j'en ai la conviction, se distingueront parmi les meilleurs. En un mot, que chacun fasse son devoir afin que nous puissions, le plus tôt possible, nous laver du reproche, bien mérité sans doûte, que dans son rapport sur la dernière exposition universelle de Paris, le comte de Laborde a infligé à notre industrie artistique.

Agréez, Monsieur et cher confrère, l'assurance de ma parfaite considération.

Bruxelles, le 5 janvier 1862.

M^r de L.

4 septembre 1861.

Mon cher Hendrickx,

J'ai lu avec le plus grand intérêt votre traité de *Dessin mis à la portée de tous*. Votre système me paraît tellement clair et simple que je m'étonne en le lisant que depuis longtemps l'enseignement du dessin, perspective, etc., n'ait pas subi les changements que vous lui imposez. Enfin, mon cher, votre innovation me fait penser à l'œuf de Christophe Colomb.

J'espère, pour la génération actuelle, que la routine n'entravera pas l'enseignement comme vous le proposez et que vous en retirerez tout l'honneur que vous méritez.

A vous.

M^r G.

Mon cher Monsieur Hendrickx,

J'ai examiné avec la plus grande attention vos modèles de perspective à main levée, et votre traité de perspective, et je ne puis que joindre mes félicitations à celles que vous recevrez, je n'en doute pas, pour un travail si utile et si nécessaire à l'enseignement du dessin.

Votre système d'écriture par les principes du dessin ne m'a point paru moins digne d'intérêt et la démonstration que vous en donnez est, à mon avis, d'une justesse rigoureuse et d'une évidence complète.

Veuillez agréer, mon cher Monsieur Hendrickx, avec mon faible suffrage, l'assurance de mes sentiments les plus distingués.

Schaerbeek, le 20 octobre 1861.

M^r G.

Mon cher Hendrickx,

J'ai examiné à fond votre publication du *Dessin mis à la portée de tous* : c'est une bonne, une excellente idée au fond et vous l'avez formulée avec un bonheur d'expressions et un laconisme vraiment remarquables.

Le difficile en ces matières est d'arriver à extraire *l'essentiel* des choses en glissant sur les détails qui encombrent et embrouillent les idées ; c'est de présenter ce que l'on veut enseigner d'une manière claire, précise, nette et facile ; votre méthode possède tout cela, mon cher ami, et je suis vraiment heureux de vous féliciter de tout mon cœur du succès inévitable que votre œuvre doit vous valoir et du service que vous aurez rendu à l'enseignement en aidant si puissamment à la diffusion d'une des branches les plus importantes de l'instruction publique, le Dessin.

Recevez, mon cher, encore une fois, les félicitations chaleureuses de votre ami.

Ce 15 septembre 1861.

M^r S.

Bruxelles, le 7 septembre 1861.

Mon cher Hendrickx,

J'ai examiné attentivement votre ouvrage portant pour titre « le Dessin mis à la portée de tous. »

Il est incontestable que la vulgarisation du dessin doit exercer une influence avantageuse sur le goût en général. — Nos arts industriels en retireront surtout un immense bien. En effet, n'est-il pas fâcheux que la plupart de nos ouvriers possèdent à peine les premières notions d'une science qui est la base fondamentale de tout travail.

Je ne puis assez vous encourager, mon cher Hendrickx, à poursuivre avec persévérance une idée aussi heureuse et dont le but, par l'ouvrage susdit, me paraît parfaitement atteint.

Mes amitiés et une bonne poignée de mains.

A ces appréciations, émanées d'artistes distingués, nous pourrions en joindre encore plusieurs autres et qui prouvent toutes que notre méthode d'enseignement est considérée comme un progrès considérable dans l'instruction.

Aux témoignages de ceux qui n'ont pu fonder leur jugement que sur l'exposé de notre méthode, sont venus s'ajouter ceux des artistes et des notabilités qui ont assisté à la mise en pratique de notre enseignement et qui ont ainsi constaté la rapidité extraordinaire des progrès des élèves qui nous sont confiés, et la solidité de cet enseignement.

N° 1

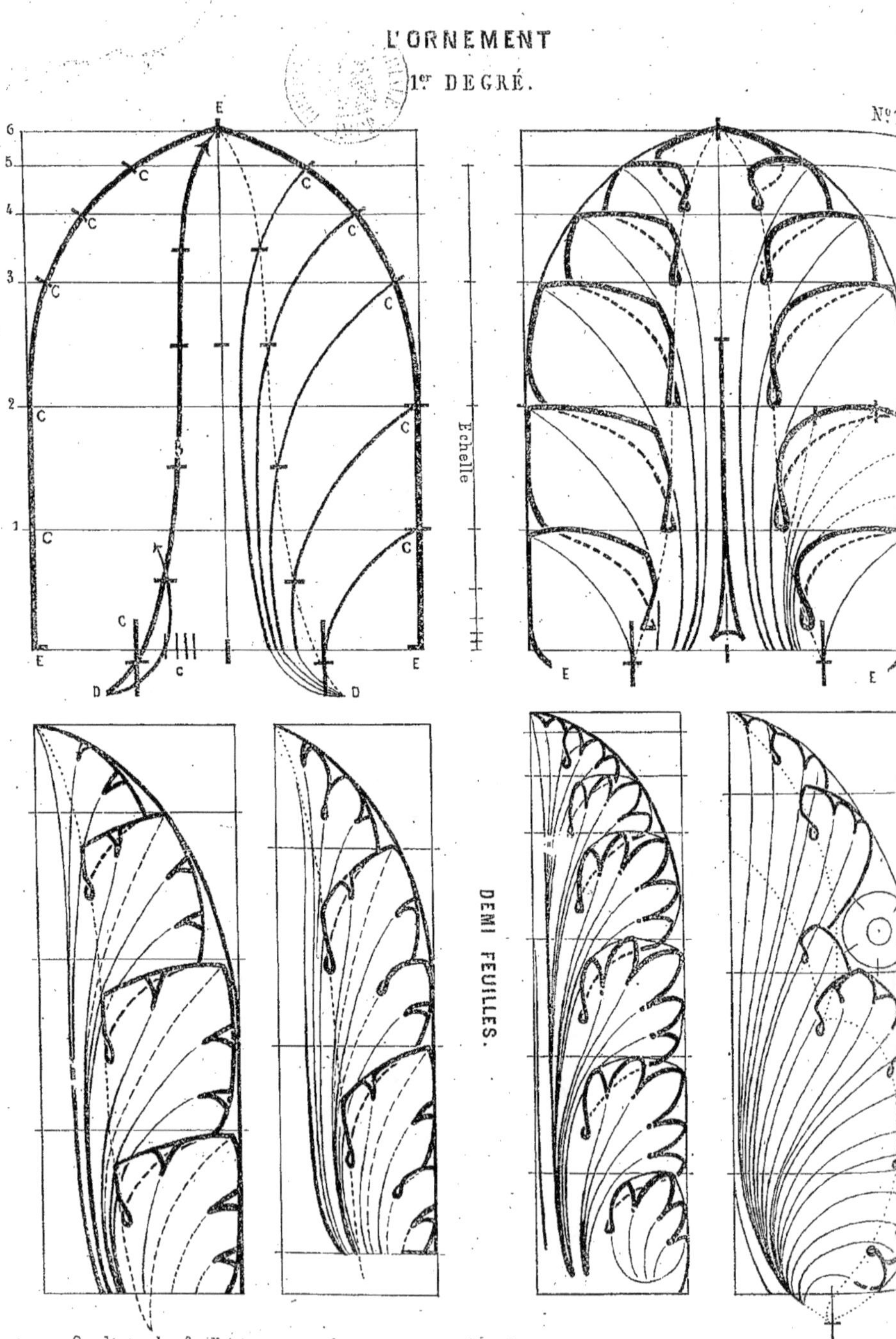

On divise les feuilles ornementales par rapport à leur forme générique,

On opère dans l'ordre suivant : 1° l'enveloppe EE, 2° la direction des boucles DB, 3° la direction des côtes D

puis on refend les feuilles successivement.

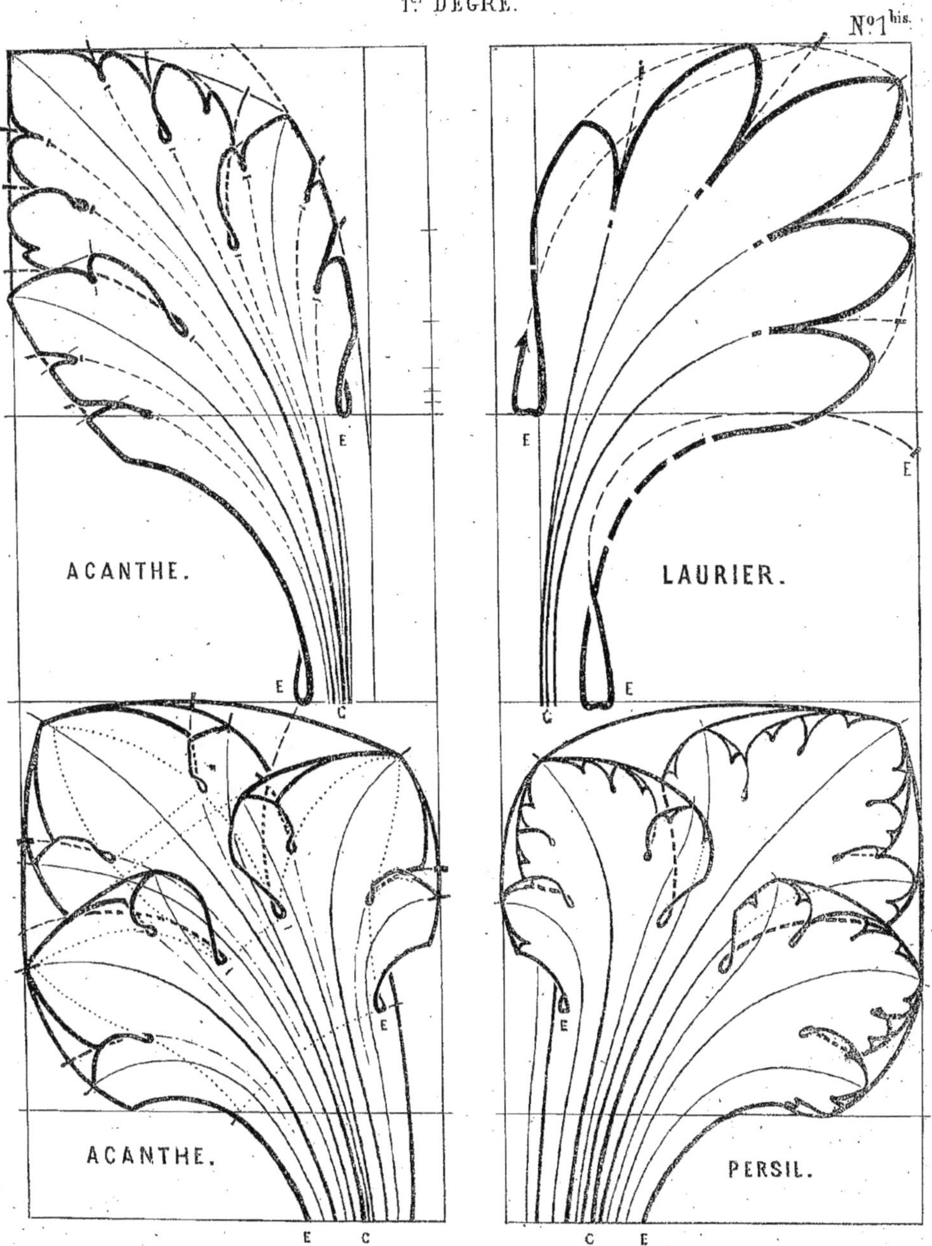

On caractérise les feuilles ornementales par rapport à leur enveloppe générique,

On opère comme suit: 1.º l'enveloppe E, 2.º les côtes C, puis on refend successivement les feuilles en procédant de l'ensemble au détail.

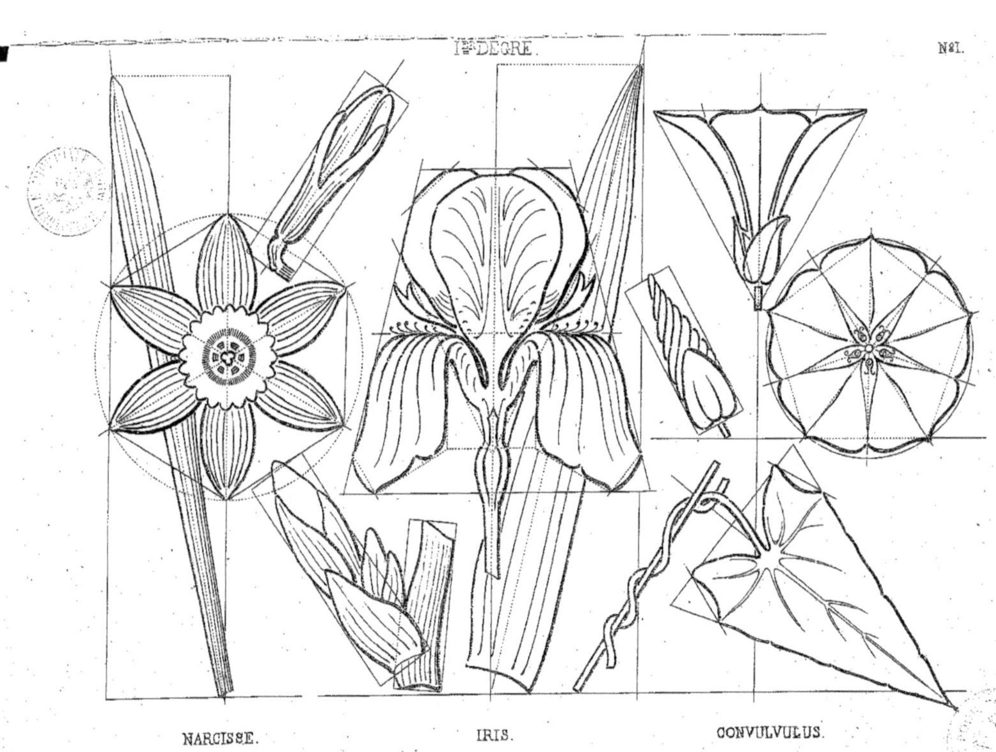

NARCISSE.
IRIS.
CONVULVULUS.

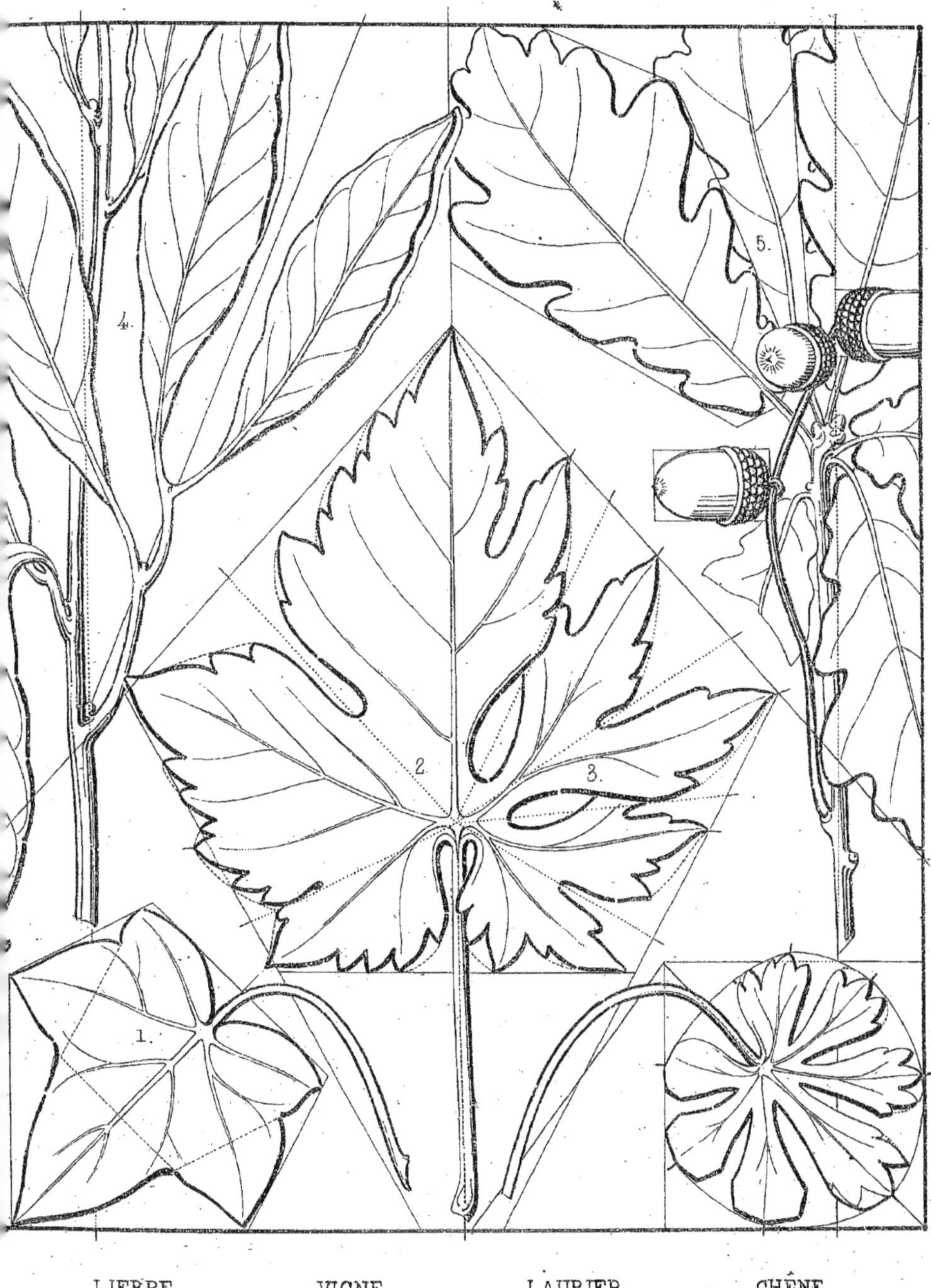
LIERRE.
VIGNE.
LAURIER.
CHÊNE.

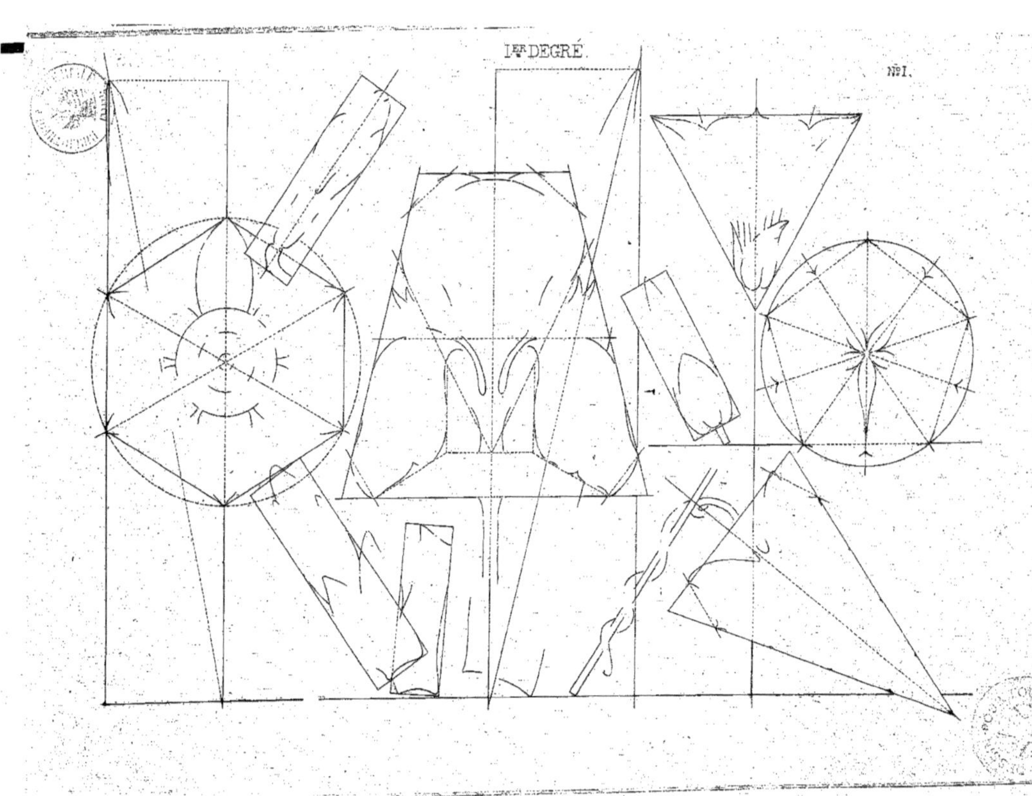

1ᵉʳ DEGRÉ.
Nº I.

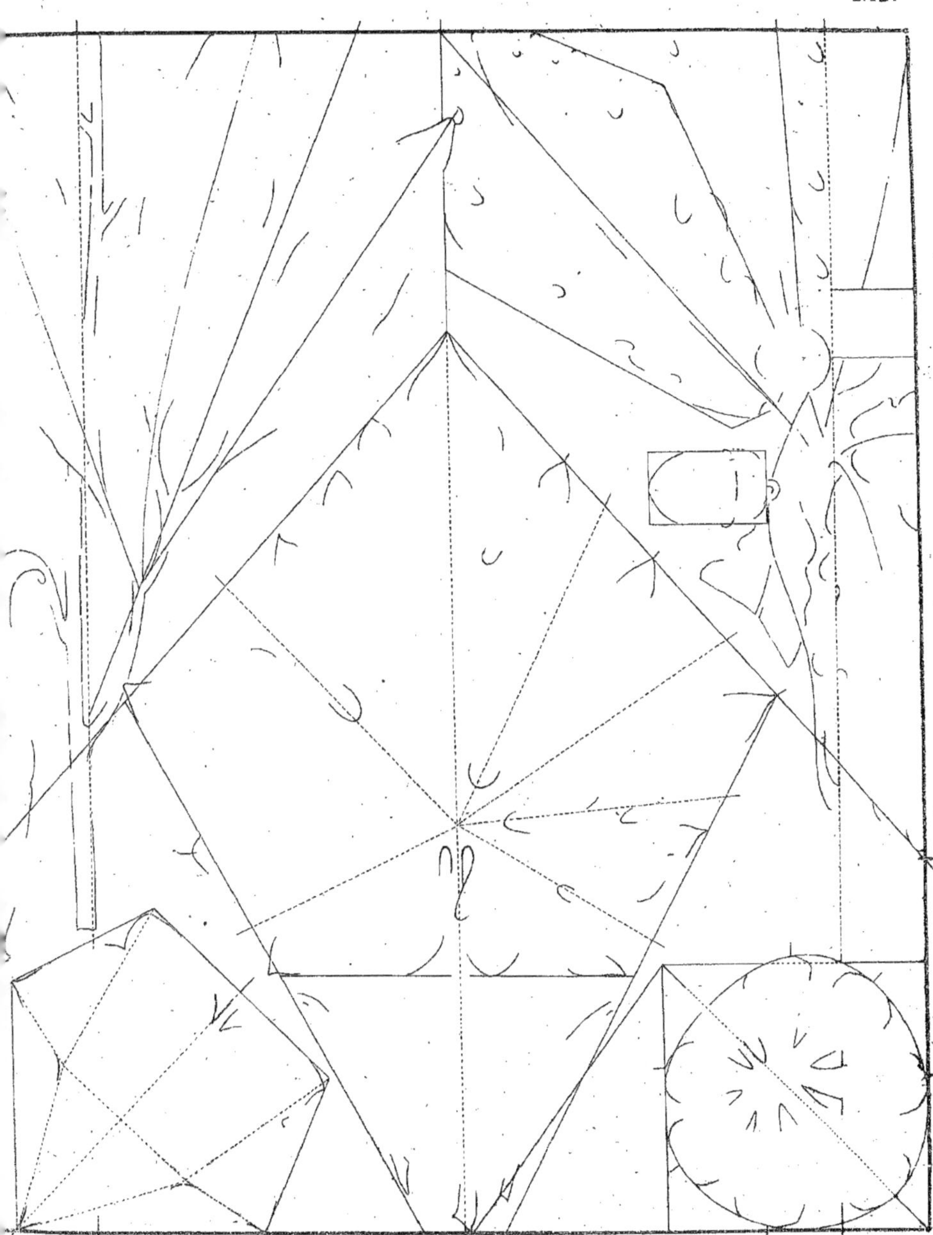

On opère toujours dans l'ordre suivant : Après avoir fait le cadre ; 1.º on trace l'axe du dessin ; 2.º l'enveloppe générique ; 3.º les divisions de l'enveloppe ; 4.º les contours après en avoir indiqué les extrémités. On s'applique ensuite à reproduire en différentes grandeurs sur le tableau, l'ensemble caractéristique du dessin, puis l'on essaie à le faire d'idée.

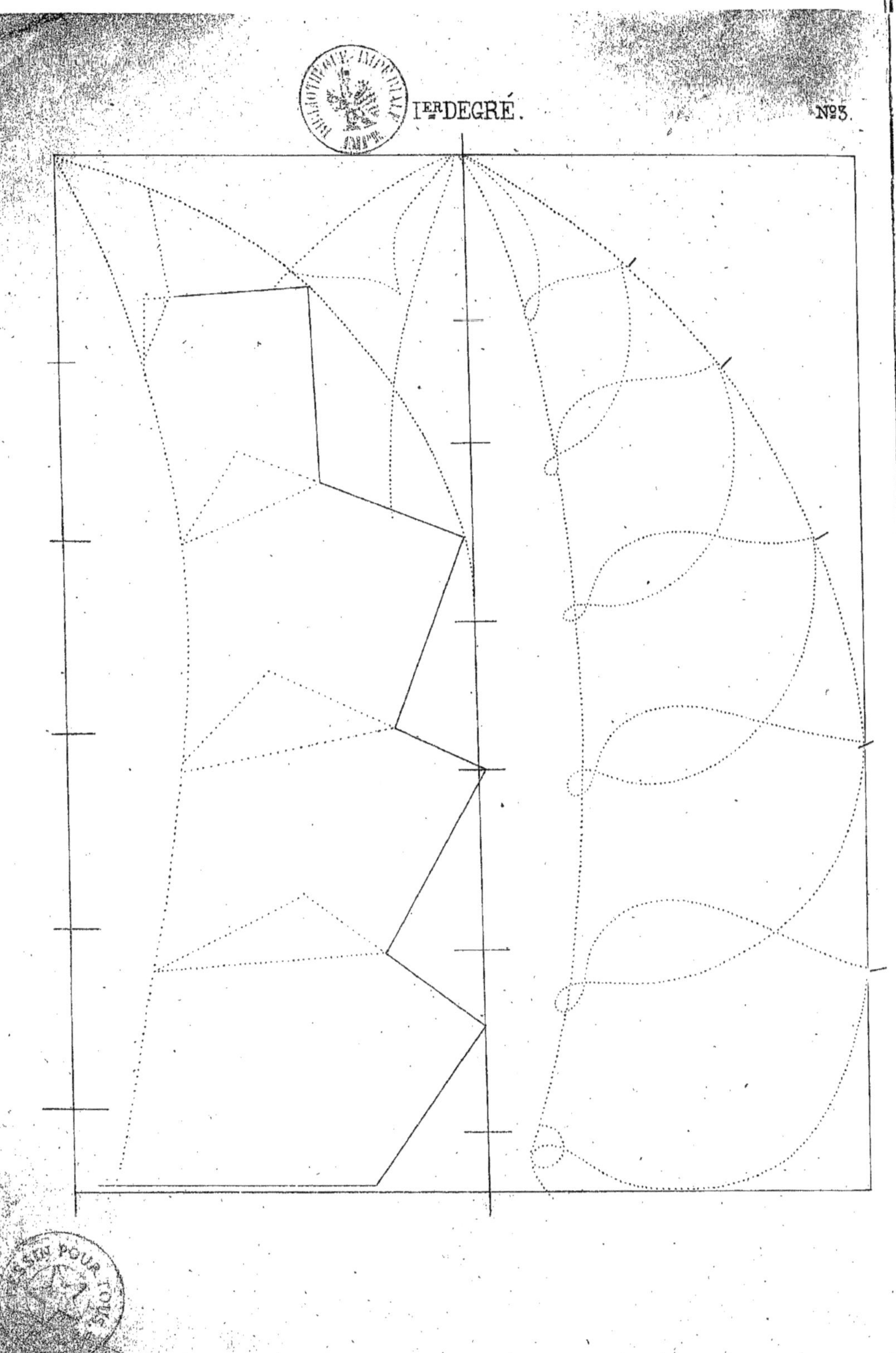

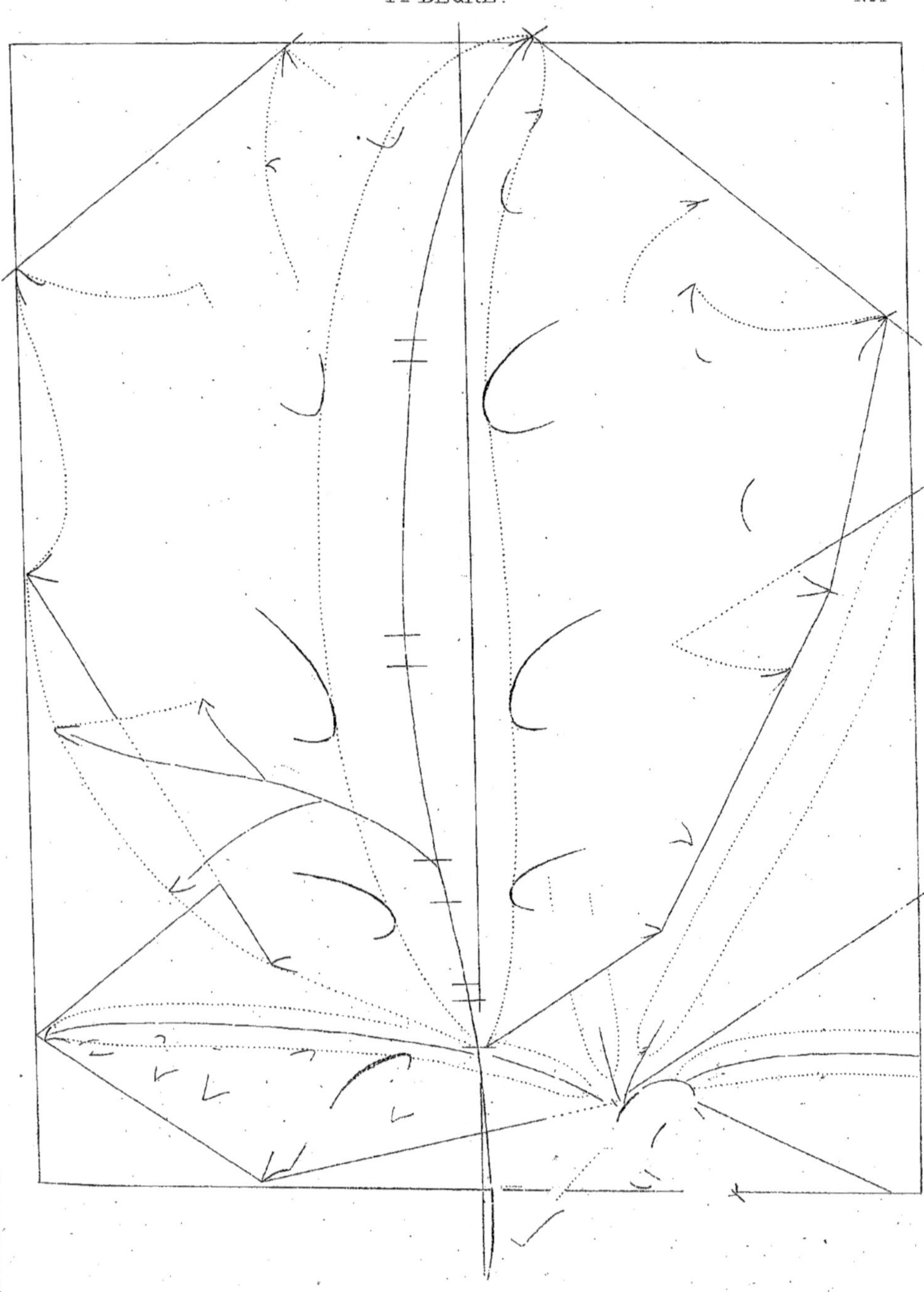

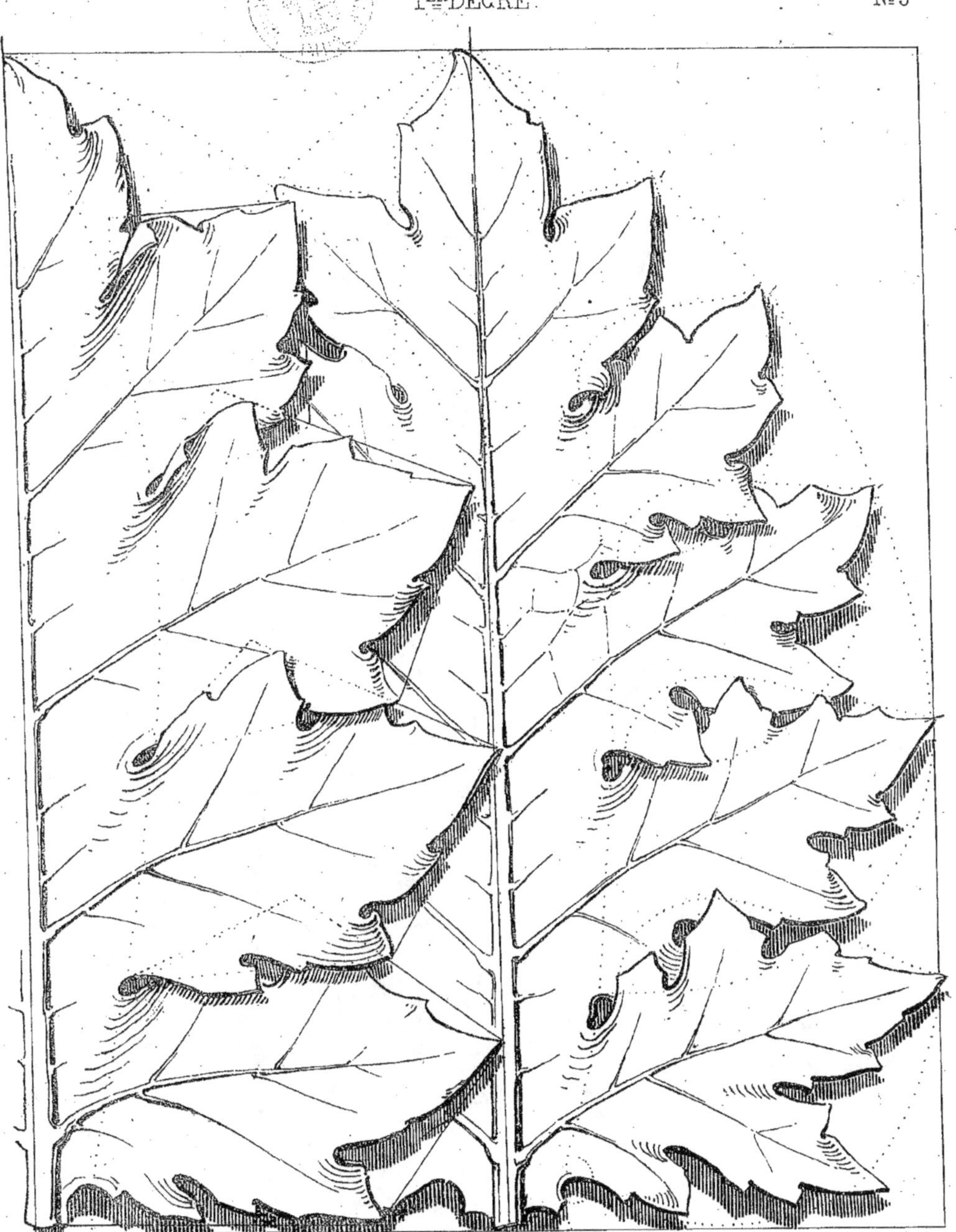

ACANTHE.

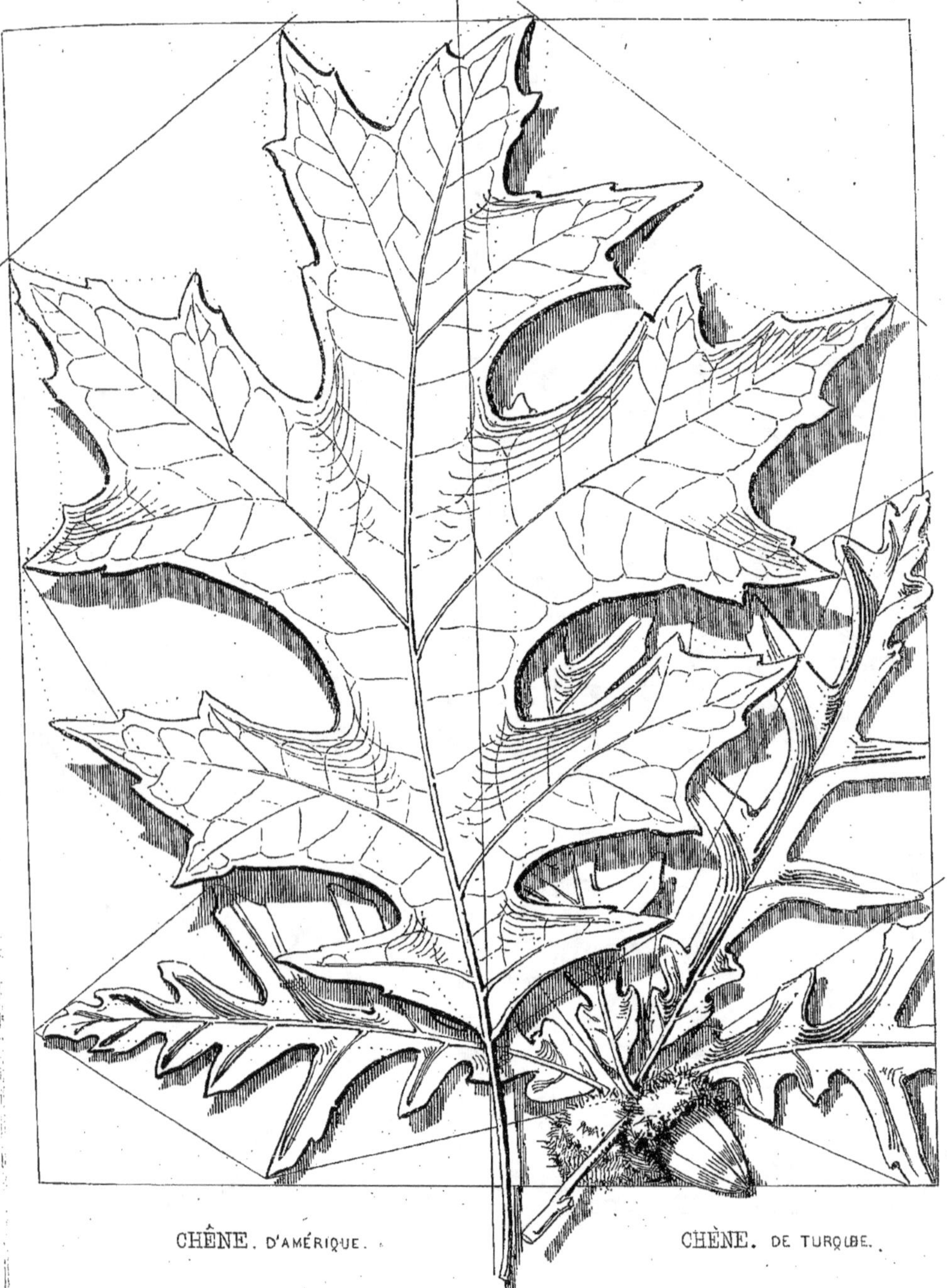

CHÊNE. D'AMÉRIQUE.   CHÊNE. DE TURQUIE.